GUIDE

DES

VOYAGEURS EN OMNIBUS

PUBLIÉ PAR LA COMPAGNIE GÉNÉRALE.

ITINÉRAIRE DES 25 LIGNES D'OMNIBUS

Autorisées par M. le Préfet de Police

ET LEURS CORRESPONDANCES DANS PARIS ET LA BANLIEUE

Prix : 15 Centimes

SE VEND DANS TOUS LES BUREAUX DE STATIONS D'OMNIBUS

GUIDE

DES

VOYAGEURS EN OMNIBUS

PUBLIÉ PAR LA COMPAGNIE GÉNÉRALE

~~~~~~

ITINÉRAIRES

DES 25 LIGNES D'OMNIBUS

AUTORISÉES PAR M. LE PRÉFET DE POLICE,

ET LEURS CORRESPONDANCES DANS PARIS ET LA BANLIEUE

——◦◦——

Prix : 15 centimes

——◦◦——

Se Vend dans tous les Bureaux de Stations d'Omnibus.

LIGNE **A.** — De Neuilly au Louvre.

CORRESPONDANCES :

ITINÉRAIRE de LA LIGNE A.	BUREAUX où sont descendus LES VOYAGEURS de correspondance.	LETTRES des Lignes en correspondance	INDICATION SOMMAIRE DES LIGNES EN CORRESPONDANCE.	Pour l'itinéraire complet DE CES LIGNES voir au Folio.
Avenue de Neuilly. Arc-de-Triomphe de l'Étoile. Avenue des Champs-Élysées.	Au coin de la rue Nve-de-Berry.	D	Chaillot, — faubourg Saint-Honoré, la Madeleine, place du Havre, rue Saint-Lazare, Saint-Laurent (faubourg Saint-Martin).	4
Place de la Concorde. Rue de Rivoli.	No 22. Bureau d'attente.			
	Place du Palais-Royal.	H	Place du Havre, la Banque, — pont Royal, rues du Bac, de Sèvres, Vaugirard.	8
		L	Barrière Blanche, rue Notre-Dame-de-Lorette, rue Richelieu, — pont Royal, rue des Saints-Pères, Saint-Sulpice, Odéon.	12
		B	Le Marais, faubourgs Saint-Denis et Saint-Martin, boulevart des Filles-du-Calvaire.	2
		F	Chemin de fer de l'Est, faubourg Poissonnière, rue Montmartre, les Invalides, Gros-Caillou.	6
Rue de Rivoli.	Place du Louvre.	R	Bercy par la rue de Rivoli et la Bastille.	18
		T	Barrière du Trône, faubourg Saint-Antoine par les quais.	20
		I	Chemin de fer du Nord, faubourg Poissonnière, la Bourse, — rue Bonaparte, Croix-Rouge, barrière du Maine.	9
		Z	Batignolles-Clichy, rue de la Chaussée-d'Antin, St-Roch.	23
		S	Hôtel-de-Ville, rue St-Antoine, barrière de Charenton.	19

GUIDE

DES

VOYAGEURS EN OMNIBUS

PUBLIÉ PAR LA COMPAGNIE GÉNÉRALE

4105   Imprimerie de MAULDE et RENOU, rue de Rivoli, 111.

ITINÉRAIRE de LA LIGNE B.	BUREAUX où sont descendus LES VOYAGEURS de correspondance.	LETTRES des lignes en correspondance	INDICATION SOMMAIRE DES LIGNES EN CORRESPONDANCE.	Pour l'itinéraire complet DE CES LIGNES voir au Folio.
Barrière du Roule **Rue du Faub-St-Honoré**	Rue Royale, 13.	S	Rue de Rivoli, la Bastille, barrière Charenton	19
		D	Chaillot. — R. St-Lazare, Paradis-Poissonn., St-Laurent (fg. St-Martin).	4
		O	Panthéon, faubourg Saint-Germain, les Ministères, Chaussée-d'Antin, Notre-Dame-de-Lorette, barrière des Martyrs	15
Rue Royale **Boulevard de la Madeleine**	An n° 27.	V	Tous les boulevarts intérieurs de la Madeleine à la Bastille.	22
		X	Batignolles-Monceaux. — La Bourse, St-Eustache, le Marais, boulevard des Filles-du-Calvaire.	23
Rue Duphot **Rue Saint-Honoré**	Au coin de la place du Palais-Royal.	L	B Blanche, r. Laffitte, Richelieu. — Des Sts-Pères, St-Sulpice, Odéon.	12
		H	Place du Hâvre, pl. des Victoires. — R. du Bac, de Sèvres et de Vaugirard	8
		R	L'Hôtel-de-Ville, la Bastille, Bercy	18
		T	Les quais, faubourg St-Antoine, barrière du Trône	20
		E	Passy	5
		Z	Chaussée-d'Antin, Batignolles, Clichy.	25
	Au n° 202.	F	Gros-Caillon, Invalides. — R. Montmartre, d'Hauteville, ch. de fer de l'Est	6
	Rue de l'Arbre-Sec, 64	P	N.-D.-de-Lorette, la Bourse, la Banque. — Pont au Change, quai St-Michel, place Maubert, rue Mouffetard, barrière Fontainebleau. . .	16
Rue de la Monnaie **Les Halles** **Pointe-Saint-Eustache** **Rue Montorgueil** **Rue Mauconseil** **Rue Saint-Denis** **Rue Grenetat-Saint-Martin** **Rue Réaumur.** **Rue Phélippeaux.** **Rue de Bretagne.** **Boul. des Filles-du-Calvaire**	Sur le boulevart.	V	Boulevart Beaumarchais, la Bastille.	22
		J	Ménilmontant. — Rue du Temple, Pont-Neuf, rue Dauphine, St-Sulpice, barrière du Montparnasse.	10

LIGNE **C.** — **Les Boulevarts extérieurs** (de l'Étoile à Belleville).

FOLIO 5.   CORRESPONDANCES :   FOLIO 5.

ITINÉRAIRE de LA LIGNE **C**.	BUREAUX où sont descendus LES VOYAGEURS de correspondance.	LETTRES des LIGNES en correspondance	INDICATION SOMMAIRE DES LIGNES EN CORRESPONDANCE.	Pour l'itinéraire complet DE CES LIGNES voir au folio.
Barrière de l'Étoile.				
Boulevart de Courcelles.				
— **Chartres.**				
Barrière de Monceaux.				
— **Clichy.**				
— **Blanche.**	Sur le boulevart extérieur.	**L**	Notre-Dame-de-Lorette, boulevart des Italiens, rue Richelieu, Croix-Rouge, place Saint-Sulpice, Odéon	12
— **Martyrs.**	Sur le boulevart extérieur.	**O**	Rue des Martyrs, Chaussée-d'Antin, rues Royale, de Grenelle, place Saint-Sulpice, Panthéon	15
— **Rochechouart.**				
— **Poissonnière.**				
— **Saint-Denis.**				
— **des Vertus.**				
— **de la Villette.**				
— **de Pantin.**				
— **des Combats.**				
— **de la Chopinette.**				
— **de Belleville.**				

LIGNE **D.** — **De Chaillot à Saint-Laurent** (faubourg St-Martin).

FOLIO **4.**   **CORRESPONDANCES :**   FOLIO **4.**

ITINÉRAIRE de LA LIGNE **D.**	BUREAUX où sont descendus LES VOYAGEURS. de correspondance.	LETTRES des LIGNES en correspondance	INDICATION SOMMAIRE DES LIGNES EN CORRESPONDANCE.	Pour l'itinéraire complet DE CES LIGNES voir au folio.
Rue de Chaillot. Avenue des Champs-Elysées.	96, au coin de la rue Neuve-de-Berry.	A	Palais-Royal, rue de Rivoli. — Champs-Elysées, avenue et pont de Neuilly (Puteaux et Suresnes avec supplément *de prix*)	1
Avenue Matignon. Rue du Faubourg-St-Honoré Rue Royale.	Au n° 15.	O R	Panthéon, place Saint-Sulpice, rue de Grenelle, les Ministères . . . . Barrière du Roule. — Rue Saint-Honoré, Palais-Royal, Pointe-Saint-Eustache, le Marais, boulevart des Filles-du-Calvaire	15
Place et boulevart de la Madeleine. Rue Chauveau-Lagarde. Rue de l'Arcade.	Au n° 27.	S V	Rue de Rivoli, Hôtel-de-Ville, rue St-Antoine, barrière Charenton . . . Tous les boulevarts intérieurs de la Bastille à la Madeleine.	19 22
Rue Saint-Lazare.	Au n° 135.	X	Batignolles-Monceaux. — Place des Victoires, rue Rambuteau, place Royale, la Bastille	23
Place du Havre.	A l'embarcadère.	H	Rues Caumartin, Neuve-des-Petits-Champs, pont Royal, rue du Bac, rue de Sèvres, Vaugirard	8
Rue Saint-Lazare. Rue Lamartine.	Au n° 78. Rue Bourdaloue, 9. Rue N.-D.-de-Lorette.	Z L P	Batignolles-Clichy. — Marché St-Honoré, St-Roch, Palais-Royal, place du Louvre . . . . . Barrière Blanche, r. Richelieu, Palais-Royal, r. des Sts-Pères, Odéon. Rue Montmartre, la Bourse, Pont-Neuf, Jardin-des-Plantes, Gobelins.	25 12 16
	Place Cadet, 27.	N Q	Barrière Rochechouart, Château-Rouge. — Pointe-Saint-Eustache, Palais-de-Justice, barrière Saint-Jacques. . . . . . Porte Saint-Denis, le Marais, Hôtel-de-Ville, quai de la Tournelle, barrière de la gare d'Ivry	14 17
Rue Papillon. Faubourg Poissonnière. Rue de Paradis. Rue de la Fidélité. Saint-Laurent, faubourg St-Martin.	Rue Bleue, n° 2. Au n° 144.	I K	Ch. de fer du Nord.—La Banque, le Louvre, r. Bonaparte, r. de Sèvres, barrière du Maine . . . . . La Villette, faubourg et rue St-Martin.— La Cité, rue de Seine, faubourg Saint-Germain, Saint-Sulpice	11

Ligne E. — De Passy au Palais-Royal.

CORRESPONDANCES :

ITINÉRAIRE de LA LIGNE E.	BUREAUX où sont descendus LES VOYAGEURS, de correspondance.	LETTRES des lignes en correspondance	INDICATION SOMMAIRE DES LIGNES EN CORRESPONDANCE.	Pour l'itinéraire complet DE CES LIGNES voir au folio.
Barrière de Passy sur le quai **Quai de Billy.** **Rue Jean-Goujon.** **Allée d'Antin.** **Quai de la Conférence.** **Quai des Tuileries.** **Carrousel.** **Palais-Royal.**	Sur la place du Palais-Royal.	L	Barrière Blanche, Notre-Dame-de-Lorette, rue Richelieu. — Rue des Saints-Pères, Saint-Sulpice, Odéon..	12
		H	Place du Hàvre — des Victoires, pont Royal, rues du Bac, de Sèvres, Vaugirard.	8
		F	Chemin de fer de l'Est, faubourg Poissonnière, rue Montmartre. — Pont Royal, les Invalides, Gros-Caillou	6
		Z	Batignolles-Clichy, rue de la Chaussée-d'Antin, Saint-Roch	25
		B	Barrière du Roule, faubourg Saint Honoré, Pointe-St-Eustache, faubourg Saint-Denis, le Marais, boulevart des Filles-du-Calvaire. . .	2
		S	Hôtel-de-Ville, rue de Rivoli, la Bastille, barrière de Charenton . . .	19
		R	Bercy, chemin de fer de Lyon.	18
		T	Barrière du Trône par les quais	

ITINÉRAIRE de LA LIGNE F.	BUREAUX où sont descendus LES VOYAGEURS de correspondance.	LETTRES des lignes en correspondance	INDICATION SOMMAIRE DES LIGNES EN CORRESPONDANCE.	Pour l'itinéraire complet DE CES LIGNES voir au folio.
Avenue de la Motte-Piquet.	Au coin de la rue de l'Eglise.		École militaire, Grenelle.	17
Rue de l'Eglise.				
Rue Saint-Dominique.				
Rue du Bac.				
Pont royal.				
Carrousel.				
Palais-Royal.	Pl. du Palais-Royal.	L	Barrière Blanche, Notre-Dame-de-Lorette, rues Richelieu, des Saints-Pères, place Saint-Sulpice, Odéon.	12
		H	Place des Victoires, la Madeleine, place du Havre, chemin de fer. . .	8
		Z	Batignolles-Clichy, Chaussée-d'Antin.	25
		E	Passy.	5
		R	Bercy, rue de Rivoli, la Bastille.	18
		T	Barrière du Trône, faubourg Saint-Antoine, par les quais.	20
Rue Saint-Honoré.	Au n° 202.	B	Barrière du Roule, faubourg Saint-Honoré. — Pointe-Saint-Eustache, boulevart des Filles-du-Calvaire.	2
	Au n° 192.	P	Barrière de Fontainebleau, les Gobelins, Jardin-des-Plantes, Palais-de-Justice. — Notre-Dame-de-Lorette.	16
Rue de Grenelle-St-Honoré.				
Rue Jean-Jacques-Rousseau				
Rue Montmartre.				
Boulevart Poissonnière.				
Rue du Faub.-Poissonnière.				
Rue de l'Echiquier.				
Rue d'Hauteville.				
Rue de Paradis-Poissonnière				
Rue de la Fidélité.				
Boulevart de Strasbourg.				
Rue de Strasbourg.	Au n° 3.	K	Faubourg Saint-Martin, la Villette.	11

ITINÉRAIRE de LA LIGNE **G.**	BUREAUX où sont descendus LES VOYAGEURS de correspondance.	LETTRES des lignes en correspondance	INDICATION SOMMAIRE DES LIGNES EN CORRESPONDANCE.	Pour l'itinéraire complet DE CES LIGNES voir au folio.
R. Croix-Nivert, dans Grenelle. Avenue Lowendhal. Id. de Labourdonnay. Id. de Lamothe-Piquet.	Au coin de la rue de l'Eglise.	F	Rues Saint-Dominique, du Bac, Carrousel, rues Saint-Honoré, chemin de l'Est.	6
Place des Invalides. Rue de Grenelle.	Rue de Grenelle, n° 69.	H O	Vaugirard, pont Royal. — Banque, place du Havre .... Panthéon, rue de Bourgogne, place de la Concorde, chaussée d'Antin, barrière des Martyrs.	8 15
	Au n° 4.	I	Barrière du Maine, rue Bonaparte, Pont-Neuf, place des Victoires, faubourg Poissonnière, chemin de fer du Nord.	9
Rue du Vieux-Colombier. Place Saint-Sulpice.	Au n° 10.	O L	Panthéon, place de la Concorde, rues de la Chaussée d'Antin, Notre-Dame-de-Lorette, barrière des Martyrs. Barrière Blanche, Notre-Dame-de-Lorette, rue Saint-Honoré, Croix-Rouge, Odéon.	15 13
Rue des Quatre-Vents, carrefour de l'Odéon.		K	La Villette, faubourg et rue Saint-Martin, quai Saint-Michel, rue de Bussy.	11
Rue de l'Ecole-de-Médecine. Rue de La Harpe.		J	Ménilmontant, rue et boulevart du Temple, rue de Rennes, chemin de l'Ouest. Montparnasse.	10
Rue des Mathurins-St-Jacques. Rue des Noyers-Saint-Victor.	Au n° 86.	M	La Chapelle, rue Saint-Denis, pont Saint-Michel, rue de la Harpe, rue et barrière d'Enfer.	12
Rue de Pontoise. Quai de la Tournelle. Pont de la Tournelle.	Au n° 121.	P	Barrière Fontainebleau, Gobelins, — la Bourse, faub. Montmartre, N.-D. de Lorette.	16
Rue des Deux-Ponts, Pont Marie, rue des Nonaindières. Rue Saint-Antoine, la Bastille.	Sur le quai.	Q	Barrière de la Gare, Jardin-des-Plantes, rues du Temple, Rambuteau, Saint-Denis, place Cadet.	17
	Au n° 233.	T S U V R	Barrière du Trône, rue Saint-Antoine .... Barrière Charenton, rue de Rivoli, Palais-Royal. Père-Lachaise. Tous les boulevarts. Bercy, chemin de fer de Lyon.	20 19 21 22 23

NOTA. — Moyennant un supplément de prix, les voitures de cette ligne correspondent à la Bastille, boulevart Beaumarchais, n° 10, avec le service de Banlieue pour — Vincennes, Fontenay, Nogent, Noisy, La Queue, Chennevières, Champigny, Joinville, Saint-Maur, Port-Créteil, La Varenne, Charenton, Les-Carrières.

LIGNE H. — De Vaugirard à la place du Hâvre.

Folio 8. **CORRESPONDANCES :** Folio 8.

ITINÉRAIRE de LA LIGNE H.	BUREAUX où sont descendus LES VOYAGEURS de correspondance.	LETTRES des lignes en correspondance	INDICATION SOMMAIRE DES LIGNES EN CORRESPONDANCE.	Pour l'itinéraire complet DE CES LIGNES voir au Folio.
Gr.-rue, dans Vaugirard.				
Rue du Parc.				
Rue de l'École.				
Barrière de Sèvres.				
Rue de Sèvres.	55, au coin de la rue Ste-Placide.	I	Croix-Rouge, Pont-Neuf, boulevart et faub. Montmartre et chemin de fer du Nord.	6
Rue du Bac.	Rue de Grenelle. 69.	G	Grenelle, Invalides, St-Sulpice, quai de la Tournelle, rue St-Antoine, Bastille.	7
Pont-Royal.		O	Panthéon.—Croix-Rouge, place de la Concorde, barrière des Martyrs.	
Quai du Louvre.				
Place du Carrousel.				
Palais-Royal.	Sur la place.	S	Bar. Charenton, la Bastille, r. Rivoli,—Pl. de la Concorde, r. Roy. St Hon.	49
		B	Bercy, rue St-Antoine, rue de Rivoli, Louvre.	48
		Z	Chaussée-d'Antin, Batignolles, Clichy.	25
		E	Passy	5
		L	Barr. Blanche, r. Laffitte, Richelieu,—des Sts-Pères, St-Sulpice, Odéon.	42
Rue Saint-Honoré.	Au n° 202.	M	Barr. du Roule, faub. St-Honoré,—Pal.-Royal, boul. des Filles-du-Calv.	2
	Au n° 192.	P	G.-Caillon, Invalides,—r. Montmartre, r. d'Hauteville, ch. de fer del'Est.	6
		F	Barrière Fontainebleau, Gobelins, Jardin des Plantes, la Bourse, faubourg Montmartre, Notre-Dame-de-Lorette.	16
Rue Cr.-des-Petits-Champs.	Au n° 54.	I	Ch. du Nord, faub. et boul. Montmartre, la Bourse, pl. des Victoires.—Pont-Neuf, rue Ste-Placide, barr. du Maine.	9
Place des Victoires.				
R. Neuve-des-Petits-Champs.		Y	Belleville, faub. du Temple, Portes St-Martin et St-Denis.	24
Boulevart des Capucines.		X	Batignolles-Monceau, la Bourse, St-Eustache, le Marais, bouler. des Filles-du-Calvaire, Bastille.	23
Rue Caumartin.				
Rue Saint-Lazare.				
Place du Havre.	Sur la place.	D	Chaillot, Champs-Élysées, r. St-Lazare,—Paradis-Poissonnière, Saint-Laurent, faub. St-Martin.	4
		X	Rue du Rocher, Batignolles-Monceaux	23

NOTA.—A Vaugirard, on trouve des voitures en correspondance moyennant un supplément de prix pour Vanves et Issy.

Ligne I. — Du chemin de fer du Nord à la barrière du Maine.

FOLIO 9.   CORRESPONDANCES :   FOLIO 9.

ITINÉRAIRE de LA LIGNE I.	BUREAUX où sont descendus LES VOYAGEURS de correspondance.	LETTRES des lignes en correspondance	INDICATION SOMMAIRE DES LIGNES EN CORRESPONDANCE.	Pour l'itinéraire complet DE CES LIGNES voir au Folio.
Avenue du Maine. Rue du Cherche-Midi. Rue Sainte-Placide. Rue de Sèvres. Croix-Rouge,	Au n° 55. Rue de Grenelle, 4.	H O G L	Place du Hâvre, place des Victoires. — Rue du Bac. — Vaugirard......... Panthéon, Saint-Sulpice. — Rue de Grenelle, les Ministères. — Place de la Concorde, Notre-Dame-de-Lorette, barrière des Martyrs.......... Grenelle, les Invalides.— Ecole de Médecine, place Maubert, quai de la Tournelle, rue Saint-Antoine, Bastille............ Odéon. — Palais-Royal, rues Richelieu, Laffitte, barrière Blanche.........	6 15 7 12
Rue du Dragon. Rue Taranne. Sainte-Marguerite. Rue Bonaparte. Quai Conti. Pont-Neuf.	Place Dauphine, 2.	F J	Notre-Dame-de-Lorette, la Banque, rue Saint-Honoré.— Place Maubert, Jardin des Plantes, rue Mouffetard, barrière de Fontainebleau............ Ménilmontant, rue Saint-Martin. — Hôtel-de-Ville	17 10
Quai de l'Ecole. Place du Louvre.	Place du Louvre.	R Z T S	Rue de Rivoli, St-Antoine, la Bastille............................. Batignolles, Clichy, rue de la Chaussée-d'Antin....................... Barrière du Trône par les quais et la rue Saint-Antoine.............. Rue Royale-Saint-Honoré, Champs-Elysées, Barrière Charenton........	18 25 20 19
R. de Rivoli, du Coq-St-Honoré. Rue Croix-des-Petits-Champs.	Au n° 54.	K	Place du Hâvre, rue Neuve-des-Petits-Champs, Palais Royal, rues du Bac, de Sèvres, de Vaugirard...............	8 24
R. de la Vrillière, de la Banque, Pl. de la Bourse, r. Vivienne, Boulevart Montmartre. Faub. Montmartre, r. Bergère.		X	Porte St-Denis, boulevart St-Martin, faubourg du Temple, Belleville....... Batignolles-Monceaux, r. du Rocher.— Pointe St-Eustache, rue Rambuteau, place Royale, la Bastille.	23
Faubourg Poissonnière.	Au coin de la rue Bleue.	Q D	Place Cadet. — Faubourg St-Denis, le Marais, Hôtel-de-Ville, chemin de fer d'Orléans, barrière de la Gare.......... Chaillot, Ch.-Elysées, pl. du Hâvre, r. St-Lazare—St-Laurent, fg. St-Martin.	17 4
Rues Lafayette et de Douai. Chemin de fer du Nord.	Rue de Dunkerque, 17.	M	Faubourg Saint-Denis, La Chapelle..............................	13

ITINÉRAIRE de LA LIGNE J.	BUREAUX où sont descendus LES VOYAGEURS de correspondance.	LETTRES des lignes en correspondance	INDICATION SOMMAIRE DES LIGNES EN CORRESPONDANCE.	Pour l'itinéraire complet DE CES LIGNES voir au folio.
Rue de Ménilmontant. Boulevart du Temple.	Au n° 78, près du faubourg du Temple.	X V	Belleville, fg. du Temple. — R. Bourbon-Villeneuve, pl. des Victoires. Tous les boulevarts intérieurs de la Madeleine à la Bastille.	24 22
Rue du Temple. Place de l'Hôtel-de-Ville. Quais Pelletier, — de Gèvres. Place du Châtelet. Pont au Change. Quai de l'Horloge. Rue du Harlay. Place Dauphine.	Au n° 2. Quai aux Fleurs. Au n° 3.	T M M N F I	Barrière du Trône, — rue St-Antoine, — Louvre. . . . . La Villette, rue et faubourg St-Martin, — rue de Seine, St-Sulpice. — Barrière d'Enfer, rue de la Harpe, rue et faub. St-Denis, La Chapelle. Barr. St-Jacques, Panthéon, rue et faub. Montmartre, Rochechouart. Barr. de Fontainebleau, rue Mouffetard, Jardin des Plantes. — Rue St-Honoré, la Banque, la Bourse, faub. Montmartre, N.-D.-de-Lorette. Chemin de fer du Nord, faubourg Poissonnière, rue Vivienne. — Rue Bonaparte, Croix-Rouge, rue de Sèvres, barrière du Maine.	20 11 13 14 16 9
Pont-Neuf. Rue Dauphine. — de l'Ancienne-Comédie. Carrefour de l'Odéon. Rue des Quatre-Vents. — Saint-Sulpice.	Place St-Sulpice, 10.	L G O M	Odéon. — Rue des Saints-Pères, Palais-Royal, rues Richelieu, Laffitte, Notre-Dame-de-Lorette . . . . Grenelle, les Invalides. — Place Maubert, rue St-Antoine, Bastille. — Panthéon, rue de Grenelle, les Ministères, place de la Concorde, rues de la Paix, de la Chaussée-d'Antin, barrière des Martyrs. . . . . Rue et faubourg Saint-Martin, la Villette.	12 7 15
— Bonaparte. — de Vaugirard. — de Rennes. Boulevart et rue du Montparnasse.				

ITINÉRAIRE de LA LIGNE M.	BUREAUX où sont descendus LES VOYAGEURS de correspondance.	LETTRES des LIGNES en correspondance	INDICATION SOMMAIRE DES LIGNES EN CORRESPONDANCE.	Pour l'itinéraire complet DE CES LIGNES voir au folio.
A La Villette. **Rue de Flandres.** **La Barrière.** **Faubourg Saint-Martin.**	Rue de Strasbourg, 3.	**F**	Boulevart Poissonnière, rue Montmartre, Palais-Royal, rue du Bac, les Invalides, Gros-Caillou.	5
Porte-Saint-Martin.	Faub. St-Martin, 144.	**D**	Rue Saint-Lazare, Notre-Dame-de-Lorette, place du Hâvre, chemin de fer, Champs-Elysées, Chaillot.	4
	Boulevart St-Denis, 1.	**V**	Tous les Boulevarts intérieurs, ...	22
		Q	Place Cadet, faubourg Saint-Denis. — Quai de la Tournelle, chemin d'Orléans, barrière de la Gare.	17
Rue Saint-Martin. **Quai de Gèvres.** **Pont-Notre-Dame.** **Rue de la Cité.** **Petit-Pont.** **Quai Saint-Michel.**	Quai de Gèvres, 2.	**T**	Barrière du Trône. — Rue Saint-Antoine.	20
	Au nº 21.	**P**	Barrière Fontainebleau, Gobelins, la Bourse, faubourg Montmartre, Notre-Dame-de-Lorette.	16
		N	Faubourg St-Jacques, quai de la Mégisserie. — Les Halles, rue et faubourg Montmartre, place Cadet, barrière Rochechouart, ...	11
Rue Saint-André-des-Arts. **Rue de Bussy.** **Rue de Seine.** **Rue Saint-Sulpice.** **Place Saint-Sulpice.**	Place Saint-Michel, 1.	**M**	Barrière d'Enfer, rue de La Harpe, r. et faub. St-Denis, La Chapelle.	13
	Au nº 10.	**L**	Odéon, Croix-Rouge, rue des Saint-Pères, rue Richelieu, Notre-Dame-de-Lorette, barrière Blanche.	12
		J	Barrière Montparnasse, chemin de fer de l'Ouest. . . . . r . .	11
		O	Panthéon, les Ministères, place de la Concorde, Chaussée-d'Antin, rue et barrière des Martyrs, Montmartre.	30
		G	Croix-Rouge, faubourg St-Germain, les Invalides, Grenelle.	7

ITINÉRAIRE de LA LIGNE L.	BUREAUX où sont descendus LES VOYAGEURS de correspondance.	LETTRES des lignes en correspondance	INDICATION SOMMAIRE DES LIGNES EN CORRESPONDANCE.	Pour l'itinéraire complet DE CES LIGNES voir au Folio.
Boulevart extérieur. Barrière Blanche. Rue Fontaine-St-Georges. Place Saint-Georges. Rue Notre-Dame-de-Lorette.	Sur le boulevart.	C	Tous les boulevarts extérieurs de l'Étoile à Belleville....................	3
Rue Bourdaloue.	Au n° 9.	D	Chaillot, Champs-Élysées, rues St-Lazare, St-Laurent, faubourg St-Martin..	4
		O	Barrière des Martyrs.— Rue de Provence, place de la Concorde, rue de Grenelle-St-Germain, Panthéon................................	15
Rue Laffitte.		P	Rue Montmartre, la Bourse, Pont-Neuf, Jardin des Plantes, Gobelius.	16
Boulevart des Italiens. Rue Richelieu.	Au n° 8.	V	Tous les boulevarts intérieurs de la Madeleine à la Bastille.............	22
Rue Saint-Honoré.	Au coin de la place du Palais-Royal.	B	Barrière du Roule, faubourg et rue Saint-Honoré. — Pointe St-Eustache, le Marais, boulevart des Filles-du-Calvaire....................	2
		F	Gros-Caillou, Invalides.—R. Montmartre, fg. Poissonnière, ch. de fer de l'Est.	6
		R	Chemin de fer de Lyon, Bercy....................................	18
		T	Les quais, Hôtel-de-Ville, barrière du Trône........................	20
		Z	Batignolles-Clichy, rue de la Chaussée-d'Antin, Saint-Roch.............	8
		E	Passy..	25
		H	Vaugirard, r. de Sèvres, du Bac.—Pl. des Victoires, la Madeleine, pl. du Hâvre.	19
		S	Barrière de Charenton, la Bastille, rue de Rivoli....................	
Place du Carrousel. Pont Royal, quai Voltaire. Rues des Saint-Pères, Taranne, du Dragon.				
Croix-Rouge.	Rue de Grenelle, 4.	G	Grenelle, les Invalides..	7
Rue du Vieux-Colombier.	Au n° 10.	G	Ecole de Médecine, pl. Maubert, pont de la Tournelle, r. St-Antoine, Bastille.	7
Place Saint-Sulpice.		J	Barrière de Monlparnasse, rues de Vaugirard, Dauphine, du Temple, rue et barrière Ménilmontant..	10
Rue Saint-Sulpice.		N	Rue et faubourg St Martin, la Villette............................	11
Rue de Tournon. Rue de Vaugirard.		O	Panthéon, faubourg Saint-Germain, rue de Grenelle, place de la Concorde, Chaussée-d'Antin, barrière des Martyrs, Montmartre................	15

CORRESPONDANCES :

ITINÉRAIRE de LA LIGNE M.	BUREAUX où sont descendus LES VOYAGEURS de correspondance.	LETTRES des lignes en correspondance	INDICATION SOMMAIRE DES LIGNES EN CORRESPONDANCE.	Pour l'itinéraire complet DE CES LIGNES voir au folio.
Grande rue de La Chapelle. **Faubourg Saint-Denis.**	Rue de Dunkerque, 17	I	Chemin du Nord, faubourg et boulevart Montmartre, la Bourse, place des Victoires, quai de l'École, Pont-Neuf, r. Bonaparte, rue Sainte-Placide, avenue du Maine.	9
Porte Saint-Denis.	Porte Saint-Denis,	V	Tous les boulevarts intérieurs, de la Bastille à la Madeleine.	22
		Y	Belleville, rue et faubourg du Temple. — Place des Victoires.	24
Rue Saint-Denis. **Place du Châtelet.** **Pont au Change.** **Rue de la Barillerie.** **Pont Saint-Michel.**	Sur la place du pont, 6.	K	La Villette, faubourg et rue Saint-Martin. — Rue de Bussy, de Seine, place Saint-Sulpice.	11
		P	Notre-Dame-de-Lorette, la Bourse, la Banque, pont au Change, quai Saint-Michel, place Maubert, barrière Fontainebleau	16
Rue de la Harpe.	Au nº 86.	G	La Bastille, rue et faubourg St-Antoine, quai de la Tournelle, place Maubert. — Invalides, Grenelle.	7.
Place Saint-Michel. **Rue d'Enfer.** **Barrière d'Enfer.**				

NOTA.—A la Chapelle-Saint-Denis, Grande-Rue, nº 57, on trouve des voitures en correspondance pour Saint-Denis, moyennant un supplément de prix.

FOLIO **14.**   **CORRESPONDANCES :**   FOLIO **14.**

ITINÉRAIRE de LA LIGNE N.	BUREAUX où sont descendus LES VOYAGEURS de correspondance.	LETTRES des Lignes en correspondance	INDICATION SOMMAIRE DES LIGNES EN CORRESPONDANCE.	Pour l'itinéraire complet DE CES LIGNES voir au folio
Barrière et faub. St-Jacques. Rue Saint-Jacques.	Rue Soufflot, n° 14.	O	Barrière des Martyrs, Notre-Dame-de-Lorette, Chaussée-d'Antin, rue St-Honoré, place de la Concorde, r. de Grenelle, Odéon, Panthéon,	15
Quai Saint-Michel. Place du Pont Saint-Michel.	Au n° 6.	M	La Chapelle-St-Denis, faub. St-Denis, rue St-Denis, place du Châtelet: — Rue de Laharpe, rue et barrière d'Enfer.	13
	Quai St-Michel, 21.	K	La Villette, faubourg et rue St-Martin, pont au Change, quai aux Fleurs, rue de Bussy, rue et place Saint-Sulpice.	11
Pont Saint-Michel.		P	Notre-Dame-de-Lorette, la Bourse, la Banque, Pont-Neuf. — Place Maubert, rue Monffetard, barrière Fontainebleau.	16
Rue de la Barillerie. Pont au Change.	Quai aux Fleurs.	J	Ménilmontant, rue du Temple. — Saint-Sulpice, barrière Montparnasse.	10
Quai de la Mégisserie. Rue de la Monnaie.	Rue Bertin-Poirée n° 2	T	Louvre, les quais, l'Hôtel-de-Ville, faubourg Saint-Antoine, barrière du Trône	20
Pointe Saint-Eustache. Rue et faubourg Montmartre. Rue Cadet.	Place Cadet, n° 27.	D	Chaillot, Champs-Elysées, rue Saint-Lazare. — Carrefour Papillon, St-Laurent, faubourg St-Martin.	4
Rue Rochechouart.		Q	Barrière de la Gare, pont de la Tournelle, rue du Temple, rue Rambuteau, rue Saint-Martin, faubourg Poissonnière.	17
Rue de Clignancourt. Château-Rouge.				

ITINÉRAIRE de LA LIGNE **O**.	BUREAUX où sont déscendus LES VOYAGEURS de correspondance.	LETTRES des Lignes en correspondance	INDICATION SOMMAIRE DES LIGNES. EN CORRESPONDANCE.	Pour l'itinéraire complet DE CES LIGNES voir au folio.
Place du Panthéon. Rue Soufflot.	Au n° 14.	N	Barrière St-Jacques, quai St-Michel, Palais de Justice. — Rue et faubourg Montmartre, barrière Rochechouart.................................	14
Place Saint-Michel. Rue Monsieur-le-Prince. — Racine. — de l'Odéon. — des Quatre-Vents. — Saint-Sulpice.	Place St-Sulpice, 10.	J L	Barrière du Montparnasse, rue de Vaugirard. — Pont-Neuf, Hôtel-de-Ville, rue du Temple, barrière de Ménilmontant................ Rue des Saints-Pères, Palais-Royal, rue Richelieu, Notre-Dame-de-Lorette, barrière Blanche....................	10 12
— Bonaparte.		G	La Bastille, rue St-Antoine, quai de la Tournelle, place Maubert. — Rue de Grenelle, les Invalides, Grenelle................	7
— du Four. Croix-Rouge.	Rue de Grenelle, 4.	K I	Pont St-Michel, la Cité, rue et faubourg St-Michel. — La Villette........ Barrière du Maine, rue de Sèvres.— Pont-Neuf, le Louvre, place des Victoires, la Bourse, faubourgs Montmartre, Poissonnière, chem. de fer du Nord.	11 9
Rue de Grenelle. Rue de Bourgogne.	Rue de Grenelle, 69.	G H	Grenelle, Invalides, Ecole-de-Médecine, quai de la Tournelle.......... Vaugirard, Palais-Royal, place du Havre..............	7 8
Pont de la Concorde. Place de la Concorde. Rue Royale.	Au n° 45.	B D	Barrière du Roule, faubourg St-Honoré. — Rue St-Honoré, Palais-Royal, Pre-St-Eustache, le Marais, boulevart des Filles-du-Calvaire............ Chaillot, Champs-Elysées. — Place du Havre, chemin de fer..........	2 4
— Saint-Honoré. Place Vendôme. Rue de la Paix. Boulevart des Capucines. Rue de la Chaussée-d'Antin.	Au n° 39.	X Z	Batignolles-Monceaux. — Bourse, Banque, Marais............ Batignolles-Clichy. — Marché St-Honoré, Palais-Royal..........	23 23
— de Provence. — Laffitte. — Bourdaloue.	Au n° 9.	D P	Chaillot, Ch.-Elysées.— Fg Poissonnière, r. de Paradis, St-Laurent, fg St-Martin Rue du faubourg Montmartre, la Bourse, la Banque, Pont-Neuf, place Maubert, Jardin des Plantes, barrière de Fontainebleau............	4 16
Rue et barrière des Martyrs.	Sur le Boulev. extérieur.	L C	Barr. Blanche. — Rues Laffitte, Richelieu, pont Royal, rue des Saints-Pères. Tous les Boulev. extérieurs de la rive droite depuis l'Étoile jusqu'à Belleville.	12

ITINÉRAIRE de LA LIGNE **P**.	BUREAUX où sont descendus LES VOYAGEURS de correspondance.	LETTRES des lignes en correspondance	INDICATION SOMMAIRE DES LIGNES EN CORRESPONDANCE.	Pour l'itinéraire complet DE CES LIGNES voir au folio
Barrière de Fontainebleau. Rue Mouffetard. Rue du Fer-à-Moulin. Rue Geoffroy-Sainte-Hilaire. Rue Saint-Victor.	Au n° 121.	G	La Bastille, rue Saint-Antoine, Ecole-de-Médecine, Saint-Sulpice, les Invalides, Grenelle..	7
Place Maubert. Rue Pavée. Quai Montebello. Quai Saint-Michel. Place du Pont-Saint-Michel.	Au n° 6.	K	Place Saint Sulpice, rue de Seine, rue et faubourg Saint-Martin, La Villette...	11
		M	Barrière d'Enfer, rue de la Harpe, rue et faubourg Saint-Denis, La Chapelle..	13
Pont-Saint-Michel. Quai des Orfèvres. Rue du Harlay. Place Dauphine.	Au n° 1.	J	Barrière de Montparnasse, Saint-Sulpice, rue Dauphine, rue du Temple, rue et barrière Ménilmontant................................	10
		I	Barrière du Maine, rue de Sèvres, Croix-Rouge, rue Bonaparte, faubourg Poissonnière, chemin du Nord...........................	9
Pont Neuf. Quai de l'École, rue de l'Arbre-Sec.	Au n° 49.	N	Barrière du Roule, faubourg Saint-Honoré, Pointe-Sainte-Eustache, faubourg Saint-Denis et Saint-Martin, boulevard des Filles-du-Calvaire......	8
Rue Saite-Honoré.	Au n° 192.	H	Vaugirard, rues de Sèvres, du Bac, Pont-Royal, Chaussée-d'Antin, place du Havre..	8
Rue des Bons-Enfants. Rue Vivienne, pl. de la Bourse. Boulevard Montmartre. Faubourg Montmartre, rue Ollivier. Rue Bourdaloue.	Au n° 9.	D	Chaillot, Champs-Elysées, rues Saint-Lazare, de Paradis-Poissonnière, St-Laurent, faubourg Saint-Martin......................	4
		L	Barrière Blanche, rue Notre-Dame-de-Lorette........................	12
		O	Barrière des Martyrs..	15

NOTA.—Moyennant un supplément de prix les voitures de cette ligne correspondent à la Barrière Fontainebleau avec le service de Banlieue pour Gentilly, Bicêtre.

LIGNE Q — De la place Cadet à la barrière de la Gare.

CORRESPONDANCES :

ITINÉRAIRE de LA LIGNE Q.	BUREAUX où sont descendus LES VOYAGEURS de correspondance.	LETTRES des lignes en correspondance	INDICATION SOMMAIRE DES LIGNES EN CORRESPONDANCE.	Pour l'itinéraire complet DE CES LIGNES voir au folio
Place Cadet.	Au n° 27.	N	Château-Rouge, barrière Rochechouart................	14
Rue Bleue.	Au n° 2.	D	Chaillot, Champs-Élysées, place du Havre, chemin de fer........	4
		I	Chemin de fer du Nord, le Louvre, Pont-Neuf, rue Bonaparte, Croix-Rouge, barrière du Maine................	9
Rue du Faubourg-Poissonnière. Rue des Petites-Écuries. Faubourg Saint-Denis. Porte Saint-Denis.	Sur le boulevart.	M	La Chapelle, barrière Saint-Denis, les Halles, rue de la Harpe, barrière d'Enfer................	13
		K	La Villette, rue Saint-Martin, La Cité, quai Saint-Michel, rue de Seine, Saint-Sulpice..........	11
Boulevard Saint-Denis.	Au n° 1.	V	Tous les boulevards intérieurs, de la Bastille à la Madeleine..........	22
Rue Saint-Martin. Rue Rambuteau. Rue du Temple. Rue Ste-Croix de la Bretonnerie Rue Bourtibourg. Rue de Rivoli.	Au n° 36.	X	La Bastille, place Royale, Pointe-Saint-Eustache, la Banque, la Bourse, rue Tronchet, Batignolles-Monceaux................	23
	En face la caserne Napoléon.	S	Barrière de Charenton, rue Saint-Antoine, rue de Rivoli, Palais-Royal, Champs-Élysées, rue Royale................	19
Place Baudoyer. Rue du Pont-Louis-Philippe. Quai de la Grève. Quai des Ormes. Pont Marie, rue des Deux-Ponts	Au n° 24.	T	Trône, faubourg Saint-Antoine, — Louvre................	20
Pont et quai de la Tournelle.	Au n° 19.	G	La Bastille, rue Saint-Antoine, École-de-Médecine, Saint-Sulpice, rue de Grenelle, les Invalides, Grenelle................	7
Quai St-Bernard, pl. Walhubert, Rue Neuve-de-la-Gare, rue Jouffroy. Quai d'Austerlitz, barrière de la Gare.				

NOTA. — Passage du pont de Bercy gratuit, aller et retour.

ITINÉRAIRE de LA LIGNE **R.**	BUREAUX où sont descendus LES VOYAGEURS de correspondance.	LETTRES des LIGNES en correspondance	INDICATION SOMMAIRE DES LIGNES EN CORRESPONDANCE.	Pour l'itinéraire complet DE CES LIGNES voir au folio.
Dans Bercy, quai de Bercy. **Barrière de la Rapée, quai de la Rapée.** **Rue Moreau.** **Rue de Lyon.** **Boulevart Contrescarpe.** **Place de la Bastille.**	Rue St-Antoine, 223.	**V**	Tous les Boulevarts intérieurs.	22
		G	Quai de la Tournelle, place Maubert, École de Médecine, St-Sulpice, les Invalides, Grenelle.	7
		U	Père Lachaise.	21
		X	Pointe-St-Eustache, la Banque, la Bourse, place du Hâvre, Batignolles-Monceaux.	23 20
		T	Barrière du Trône, faubourg Saint-Antoine.	
Rue St-Antoine. **Hôtel de Ville, rue de Rivoli.**	Pl. du Palais-Royal.	**Z**	Chaussée-d'Antin. — Batignolles, Clichy.	25
		L	Barrière Blanche, Notre-Dame-de-Lorette. — Rues de Richelieu, des Saints-Pères, Saint-Sulpice, Odéon.	12
		H	Vaugirard, rues de Sèvres, du Bac, place des Victoires. — Chaussée-d'Antin, place du Hâvre.	8
		F	Gros-Caillou, les Invalides.	6
		E	Passy.	5
		B	Barrière du Roule, faubourg Saint-Honoré.	2

NOTA. — Moyennant un supplément de prix, les voitures de cette ligne correspondent :

1º À Bercy, avec le service de Charenton-les-Carrières ;

2º A la Bastille, boulevart Beaumarchais, nº 10, avec le service de Banlieue pour—Vincennes, Fontenay, Nogent, Noisy La Queue, Chennevières, Champigny, Joinville, Saint-Maur, Port-Créteil, La-Varenne.

Ligne S. — De la barrière de Charenton à la rue Royale-Saint-Honoré.
Folio 19.

Folio 19.

CORRESPONDANCES :

ITINÉRAIRE de LA LIGNE S.	BUREAUX où sont descendus LES VOYAGEURS de correspondance.	LETTRES des lignes en correspondance	INDICATION SOMMAIRE DES LIGNES EN CORRESPONDANCE.	Pour l'itinéraire complet DE CES LIGNES voir au folio.
Barrière de Charenton. **Rue de Charenton.** **Place de la Bastille.**	Rue St-Antoine, 225.	V	Tous les Boulevarts intérieurs, de la Bastille à la Madeleine.	12
		T	Barrière du Trône, faubourg Saint-Antoine.	20
		X	Le Marais, rue Rambuteau, Pointe-St-Eustache, la Bourse, rue Tronchet, barrière Monceaux.	23
		U	Père Lachaise.	21
Rue Saint-Antoine.	En face la caserne Napoléon.	G	Grenelle, les Invalides, place Saint-Sulpice, quai de la Tournelle. . .	7
Rue de Rivoli.		Q	Place Cadet, faubourg Poissonnière, porte St-Denis, rue St-Martin, chemin de fer d'Orléans, barrière de la Gare.	17
	Place du Louvre.	Z	Batignolles-Clichy, rue de la Chaussée-d'Antin.	23
		I	Barrière du Maine, Croix-Rouge, rue Bonaparte. — Place des Victoires, faubourgs Montmartre, Poissonnière, ch. de fer du Nord. .	
	Place du Palais-Royal, sous les arcades.	L	Barrière Blanche, Notre-Dame-de-Lorette, rues Laffitte, Richelieu, des St-Pères, St-Sulpice , Odéon.	12
		H	Pointe-St-Eustache, le Marais, boulevart des Filles-du-Calvaire, Roule	2
		E	Pl. du Hâvre. — La Banque, r. du Bac, de Sèvre, Vaugirard.	8
		D	Passy.	5
Rue Royale-Saint-Honoré.	Au n° 15 (station).	D	Chaillot, faubourg St-Honoré, place du Hâvre, rues St-Lazare, Paradis-Poissonnière, St-Laurent (faubourg St-Martin).	4
		O	Barrière des Martyrs, Notre-Dame-de-Lorette, rue de la Paix. — Faubourg St-Germain, les Ministères, Panthéon.	15
		B	Barrière du Roule faubourg St-Honoré.	

NOTA.—Moyennant un supplément de prix, les voitures de cette ligne correspondent : 1° A la Bastille, Boulevart Beaumarchais, n° 10, avec le service de Banlieue pour Vincennes, — Fontenay, Nogent, Noisy, La Queue, Chennevières, Champigny, Joinville, Saint-Maur, Port-Créteil, La Varenne : — 2° A la barrière Charenton avec le service de Banlieue pour—Charenton-les-Carrières, Saint-Maurice, Gravelle, Maisons-Alfort, Créteil, Bonneuil, Boissy, Sucy.

ITINÉRAIRE de LA LIGNE T.	BUREAUX où sont descendus LES VOYAGEURS de correspondance.	LETTRES des lignes en correspondance	INDICATION SOMMAIRE DES LIGNES EN CORRESPONDANCE.	Pour l'itinéraire complet DE CES LIGNES voir au folio.
Barrière du Trône. **Faubourg Saint-Antoine.** **La Bastille**	Boulevart Beaumarchais, n° 2.	**G**	Quai de la Tournelle, place Maubert, Ecole de Médecine, St-Sulpice, les Invalides, Grenelle	7
		V	Tous les Boulevarts intérieurs, de la Bastille à la Madeleine	22
		U	Père Lachaise, rue de la Roquette	21
		S	Barrière de Charenton. — Rue de Rivoli, Champs-Elysées, rue Royale-Saint-Honoré	19
		X	Rue Rambuteau, Pointe-St-Eustache, la Banque, la Bourse, rue Tronchet, place du Hâvre, Batignolles-Monceaux	23
		R	Bercy. — Rue de Rivoli	18
Rue Saint-Antoine. **Rue du Petit-Musc.** **Quai des Célestins.** **— Saint-Paul.** **— des Ormes.** **— de la Grève.** **— Pelletier.** **— de Gèvres.**	Au n° 24.	**Q**	Place Cadet, rue Rambuteau. — Gare d'Ivry	17
	Au n° 2.	**J**	Ménilmontant. — Boulevart et rue du Temple, rue Dauphine, place Saint-Sulpice, Montparnasse	10
— de la Mégisserie.	R. Bertin-Poirée, n° 2	**N**	Rue Rochechouart, rue et faubourg Montmartre, pointe Ste-Eustache, pont, quai St-Michel. — Rue, faubourg et barrière St-Jacques . .	
— de l'Ecole.	Place du Louvre.	**Z**	Batignolles-Clichy. — Chaussée-d'Antin, St-Roch	25
		I	Barr. du Maine, Croix-Rouge, r. Bonaparte, place des Victoires. — Faubourg Poissonnière, Chemin de fer du Nord	
Rue de Rivoli.	Place du Palais-Royal.	**L**	Barr. Blanche, N.-D.-de-Lorette, r. Richelieu, des Sts-Pères, Odéon .	12
		H	Vangirard, rues de Sèvres, du Bac, pl. des Victoires, pl. du Hâvre . .	8
		F	Gros-Caillou, les Invalides, pont Royal. — Rue Montmartre, chemin de fer de Strasbourg	6
		B	Barrière du Roule, faubourg St-Honoré	2
		E	Passy	5

NOTA.—Moyennant un supplément de prix, les voitures de cette ligne correspondent à la Bastille, boulevart Beaumarchais, n° 10, avec le service de Banlieue pour—Vincennes, Fontenay, Nogent, Noisy, La Queue, Chennevières, Champigny, Joinville, St-Maur, Port-Créteil, La Varenne, Charenton-les-Carrières.

CORRESPONDANCES :

ITINÉRAIRE de LA LIGNE **U.**	BUREAUX où sont descendus LES VOYAGEURS de correspondance.	LETTRES des lignes en correspondance	INDICATION SOMMAIRE DES LIGNES EN CORRESPONDANCE.	Pour l'itinéraire complet DE CES LIGNES voir au folio
Père-Lachaise. **Barrière d'Aunay.** **Rue de la Roquette.** **Place de la Bastille.**	Rue St-Antoine, 223.	**G**	Quai de la Tournelle, place Maubert, Ecole de Médecine, St-Sulpice, rue de Grenelle, les Invalides, Grenelle.	17
		V	Tous les Boulevarts intérieurs, de la Bastille à la Madeleine.	22
		X	Le Marais, rue Rambuteau, la Banque, la Bourse, place du Hâvre, Batignolles-Monceaux	23
		T	Barrière du Trône, faubourg Saint-Antoine	20
		S	Barrière Charenton, rue de Rivoli, Palais-Royal, place de la Concorde, rue Royale-Saint-Honoré.	19
		R	Bercy, rue de Rivoli, le Louvre	18

NOTA.—Moyennant un supplément de prix les voitures de cette ligne correspondent à la Bastille, boulevart Beaumarchais, n° 10, avec le service de Banlieue, pour—Vincennes, Fontenay, Nogent, Noisy, La Queue, Chennevières, Champigny, Joinville, St-Maur, Port-Créteil, La Varenne, Charenton, Les-Carrières.

Ligne **V.** — De la Bastille à la Madeleine (Boulevarts).

CORRESPONDANCES :

ITINÉRAIRE de LA LIGNE V.	BUREAUX où sont descendus LES VOYAGEURS de correspondance.	LETTRES des Lignes en correspondance	INDICATION SOMMAIRE DES LIGNES EN CORRESPONDANCE.	Pour l'itinéraire complet DE CES LIGNES voir au Folio.
Boulevart Beaumarchais.	Au N° 10.	T	Barrière du Trône, — Hôtel-de-Ville, les quais, Palais-Royal	20
		S	Barrière Charenton,—rue de Rivoli, place de la Concorde, rue Royale-Saint-Honoré	19
		G	Rue Saint-Antoine,—quai de la Tournelle, place Maubert, École de Médecine, Invalides, Grenelle	7
		R	Bercy, — rue de Rivoli, Louvre	18
		U	Père-Lachaise	21
Boul. des Filles-du-Calvaire.	En face le Cirque. Au N° 78.	B	Les Halles, rue et faubourg Saint-Honoré, barrière du Roule	2
Boulevart du Temple.		Y	Belleville, place des Victoires	24
		J	Ménilmontant,—Hôtel-de-Ville, place Dauphine, Saint-Sulpice, barrière de Montparnasse	10
Boulevart Saint-Martin. **Boulevart Saint-Denis.**	Au N° 1.	Q	Place Cadet, faubourg Saint-Denis , — rue Saint-Martin, quai de la Tournelle, Jardin-des-Plantes, barrière de la Gare	17
				11
Boulevart Bonne-Nouvelle.	Porte Saint-Denis.	M	La Villette, faubourg St-Martin, rue St-Martin, la Cité, St-Sulpice.	
		M	La Chapelle, faub. St-Denis,—rue St-Denis, rue de la Harpe, rue et barrière d'Enfer.	13
Boulevart Poissonnière. **Boulevart Montmartre.** **Boulevart des Italiens.**	Au n° 8.	L	Barrière Blanche, rue Notre-Dame-de-Lorette, rues Richelieu, des Sts-Pères, Saint-Sulpice , Odéon.	12
Boulevart des Capucines.				4
Boulevart de la Madeleine.	Au n° 27.	D	Chaillot, Champs-Elysées,—rue Saint-Lazare, Chemin de fer du Havre.	23
		X	Batignolles-Monceaux.	2
		H	Barrière du Roule, faubourg Saint-Honoré.	

NOTA.—Moyennant un supplément de prix les voitures de cette ligne correspondent à la Bastille, boulevart Beaumarchais, n° 10 avec le service de Banlieue pour—Vincennes, Fontenay, Nogent, Noisy, La Queue, Chennevières, Champigny, Joinville, St-Maur Port-Créteil, La Varenne, Charenton-les-Carrières.

LIGNE **X**. — De Batignolles-Monceaux à la Bastille.

CORRESPONDANCES :

ITINÉRAIRE de LA LIGNE **X**.	BUREAUX où sont descendus LES VOYAGEURS de correspondance.	LETTRES des lignes en correspondance	INDICATION SOMMAIRE DES LIGNES EN CORRESPONDANCE.	Pour l'itinéraire complet DE CES LIGNES voir au Folio.
Dans Batignolles, r. des Dames, rue de Lévis.				
Barrière de Monceaux.				
Rue du Rocher,				
Rue Saint-Lazare.	Au n° 135.	D	Chaillot, Champs-Elysées. — R. St-Lazare, St-Laurent (Faub. St-Martin)...	4
Place du Havre.	S. la galerie de l'embarc.	H	R. N.-des-Petits-Champs, place des Victoires, Palais-Royal, r. du Bac, de	
Rue de la Ferme-des-Mathurins			Sèvres, Vaugirard..............	6
Rue Tronchet.				
Place de la Madeleine.				
Boulevart de la Madeleine.	Au n° 27.	V	Tous les boulevarts intérieurs.............	22
		E	Faubourg Saint-Honoré, barrière du Roule.............	3
		D	Chaillot, Champs-Elysées, faubourg Saint-Honoré............	4
		O	Rue des Martyrs, Chaussée-d'Antin, place de la Concorde, Panthéon.......	15
Boulevart des Capucines.				
Rue Neuve-Saint-Augustin.				
Rue des Filles-Saint-Thomas.				
Rue Notre-Dame-des-Victoires.				
Place des Petits-Pères.				
Rue Vide-Gousset.				
Place des Victoires.	Au c. de la rue Catinat.	Y	Porte-Saint-Denis, faubourg du Temple, Belleville............	24
Rue Catinat.				
Rue de la Vrillière.				
Rue Croix-des-Petits-Champs.	Au n° 54.	M	Place du Havre, rue Neuve-des-Petits-Champs. — Palais-Royal, rue du Bac, rue de Sèvres, Vaugirard.	6
Rue Coquillière.		I	Chemin de fer du Nord, faubourg Poissonnière, la Bourse. — Louvre, Pont-Neuf, rue Bonaparte, Croix-Rouge, barrière du Maine.	9
Pointe-Saint-Eustache.				
Rue Rambuteau.	Au n° 85.	Q	Place Cadet, faburg Poissonnière, Porte-Saint-Denis, Rue Saint-Martin.—Hôtel-de-Ville, chemin de fer d'Orléans, barrière de la Gare.	17
R. de Paradis, r. des Fr.-Bourg.				
Rue Neuve-Sainte-Catherine, r. de l'Echarpe.				
Rue du Pas-de-la-Mule, boulevart Beaumarchais.	Au n° 2.	T	Barrière du Trône, faubourg Saint-Antoine.............	20
		S	Barrière et rue de Charenton.............	49
		U	Père-Lachaise, rue de la Roquette.............	21
		R	Bercy, chemin de fer de Lyon.............	18

NOTA. — Moyennant un supplément de prix les voitures de cette ligne correspondent à la Bastille, boulevart Beaumarchais, n° 10, avec le service de Banlieue pour—Vincennes, Fontenay, Nogent, Noisy, La Queue, Chennevières, Champigny, Joinville, St-Maur, Port-Créteil, La Varenne, Charenton-Carrières.

ITINÉRAIRE de LA LIGNE **Y**.	BUREAUX où sont descendus LES VOYAGEURS de correspondance.	LETTRES des lignes en correspondance	INDICATION SOMMAIRE DES LIGNES EN CORRESPONDANCE.	Pour l'itinéraire complet DE CES LIGNES voir au folio.
Grande rue de Paris, dans Belleville. **Faubourg du Temple.** **Boulevart du Temple.**	Boulevart du Temple, n° 78.	**J**	Barrière Montparnasse, rue de Vaugirard, place Saint-Sulpice, place Dauphine, pont au Change, Hôtel-de-Ville.	10
		V	Tous les boulevarts intérieurs de la Madeleine à la Bastille.	22
Porte Saint-Martin.	Boulevart Saint-Denis, n° 2.	**K**	Place Saint-Sulpice, carrefour Bussy, quai Saint-Michel, la Cité. — Faubourg Saint-Martin, La Villette.	11
		O	Barrière de la Gare, Jardin-des-Plantes, pont de la Tournelle, rue Rambuteau, rue Saint-Martin. — Faubourg Poissonnière. — Place Cadet.	17
Porte Saint-Denis.	Sur le boulevart.	**M**	La Chapelle, faubourg Saint-Denis. — Place du Châtelet, pont au Change, rue de la Harpe, barrière d'Enfer.	13
Rue Saint-Denis. **Rue Bourbon-Villeneuve.** **Rue Neuve-Saint-Eustache.** **Rue des Fossés-Montmartre.** **Place des Victoires.** **Rue Catinat.**	Au coin de la rue Catinat.	**X**	Batignolles-Monceaux, rue Saint-Lazare, la Madeleine, la Bourse. — La Banque, pointe Saint-Eustache, place Royale, la Bastille. . . .	23
		I	Chemin de fer du Nord, boulevart Montmartre, la Bourse. — Pont-Neuf, Croix-Rouge, rue Ste-Placide, rue du Cherche-Midi, avenue du Maine.	9
		H	Place du Havre, la Madeleine, pont Royal, rue du Bac, rue de Sèvres, Vaugirard	8

LIGNE Z. — De Batignolles-Clichy au Louvre.

CORRESPONDANCES :

ITINÉRAIRE de LA LIGNE Z.	BUREAUX où sont descendus LES VOYAGEURS. de correspondance.	LETTRES des LIGNES en correspondance	INDICATION SOMMAIRE DES LIGNES EN CORRESPONDANCE.	Pour l'itinéraire complet DE CES LIGNES voir au folio.
Dans Batignolles, rue de Paris. Barrière de Clichy. Rue de Clichy. Rue Saint-Lazare.	Au n° 78.	D	Chaillot, Champs-Élysées, faubourg Saint-Honoré, la Madeleine, carrefour Papillon, St-Laurent, faubourg Saint-Martin.	4
Rue de la Chaussée-d'Antin.	Au n° 39.	O	Barrière des Martyrs, Notre-Dame-de-Lorette, rue de la Paix, place de la Concorde, rue de Grenelle, place St-Sulpice, Odéon, Panthéon . .	15
Rue Louis-le-Grand. Rue Port-Mahon. Rue d'Antin. Marché Saint-Honoré. Rue Saint-Honoré. Rue de Rivoli.	Place du Palais-Royal.	E	Passy, ...	5
		H	Vaugirard, rue de Sèvres, du Bac, pont Royal, Carrousel	19
		F	Gros-Caillou, les Invalides, rue du Bac, faubourg Poissonnière, chemin de fer de l'Est.	18
		B	Barrière du Roule, faubourg Saint-Honoré. — Point Saint-Eustache, le Marais, boulevart des Filles-du-Calvaire.	8
	Place du Louvre.	I	Chemin de fer du Nord, faubourg Poissonnière, boulevart Montmartre, Bourse, place des Victoires, Pont-Neuf, Croix-Rouge, chemin de fer de l'Ouest	20
		S	Barrière Charenton, la Bastille, rue Saint-Antoine, rue de Rivoli, rue Royale-St-Honoré.	6
		R	Bercy, quai de la Râpée, la Bastille.	2
		T	Barrière du Trône, faubourg Saint-Antoine, les quais.	

NOTA.—Moyennant un supplément de prix les voitures de cette ligne corespondent à Batignolles, Grande-Rue, avec le service de Banlieue pour—Saint-Denis, Clichy, Saint-Ouen.

4·31 Typographie MAULDE et RENOU, rue de Rivoli, 144.

www.ingramcontent.com/pod-product-compliance
Lightning Source LLC
Chambersburg PA
CBHW070756210326
41520CB00016B/4721